SONNE·MOND UND·STERNE

- ★ *Erstes Lesealter*
- ★ *Große Schrift*
- ★ *Viele farbige Bilder*
- ★ *Bekannte Autoren*

Christine Nöstlinger
Liebesgeschichten vom Franz

Bilder von
Erhard Dietl

Verlag Friedrich Oetinger · Hamburg

Alle Franz-Bände auf einen Blick

Geschichten vom Franz
Neues vom Franz
Schulgeschichten vom Franz
Neue Schulgeschichten vom Franz
Feriengeschichten vom Franz
Krankengeschichten vom Franz
Liebesgeschichten vom Franz
Weihnachtsgeschichten vom Franz
Fernsehgeschichten vom Franz
Hundegeschichten vom Franz

sowie die Sonderausgabe
Allerhand vom Franz

Einige Geschichten vom Franz sind auch als Hörkassetten bei Deutsche Grammophon erschienen.

© Verlag Friedrich Oetinger, Hamburg 1996
Alle Rechte vorbehalten
Erstmals erschienen 1991 mit Schwarzweißillustrationen
im Verlag Friedrich Oetinger, Hamburg
Einbandgestaltung: Manfred Limmroth
Titelbild und farbige Illustrationen: Erhard Dietl
Litho: Die Litho, Hamburg
Druck und Bindung: Mohndruck GmbH, Gütersloh
Printed in Germany 1996

ISBN 3-7891-0526-0

Der Franz liebt viele Menschen.

Seine Mama und seinen Papa liebt er.

Seine Oma und seinen großen Bruder,
den Josef, liebt er.

6

Die Gabi, die in der Wohnung nebenan
wohnt, liebt er.

Den Eberhard Most, der mit ihm in
die Klasse geht, liebt er.

Und dann liebt er noch drei Tanten.

Und weil die Mama, der Papa, die Oma, der
Josef, die Gabi, der Eberhard, die drei
Tanten den Franz auch lieben, hat der Franz
mit der Liebe keine großen Probleme.
Liebe ist für Franz: wenn zwei einander
sehr gern haben und miteinander sehr
glücklich sind. (Ein bißchen streiten dürfen
die zwei, die einander gern haben,
zwischendurch natürlich auch hin und wieder.)

8

ANNA-LIESE

Weil der Franz nur die glückliche Liebe kennt, tut ihm seit ein paar Wochen der Josef sehr leid. Der hat sich nämlich in die Anna-Liese verliebt. Auf den ersten Blick! Gesehen hat er sie, Herzklopfen hat er bekommen, eine Gänsehaut auf dem Rücken und Bauchziehen. Und gewußt hat er sofort: Dieses Mädchen liebe ich über alles!
Im Treppenhaus ist der Josef der Anna-Liese begegnet. Er ist die Treppe hinuntergerannt. Sie ist die Treppe nach oben gerannt. Richtig aufeinandergeprallt sind die beiden. Die Anna-Liese hat eine Mappe unter dem Arm gehabt. Die hat sie vor Schreck fallen lassen. Dann hat sie gerufen: „So paß doch auf, du Depp!"
Der Josef hat die Mappe aufgehoben und hat gesagt: „Entschuldigung!"
Die Anna-Liese hat ihm die Mappe aus der Hand gerissen und ist in den dritten Stock

hinaufgelaufen. Der Josef ist stehengeblieben.
Er hat gehört, daß das Mädchen an der Tür
von der Frau Leidlich geklingelt hat. Die Frau
Leidlich hat nämlich keine gewöhnliche Klingel,
sondern eine, die „ding-dong-ding-dong" macht.
Dann hat er gehört, daß die Frau Leidlich
sagte: „Na, da bist du ja endlich, Anna-Liese!"

10

Der Josef wollte eigentlich zu seinem Freund, dem Otto. Aber er hat kehrtgemacht und ist in die Wohnung zurückgegangen. Weil ihn die Liebe auf den ersten Blick so getroffen hat!

Die Mama und der Franz waren in der Küche. Sie weinten ein bißchen. Die Mama, weil sie Zwiebeln schnitt. Der Franz, weil er zu dicht bei der Mama saß.

Der Josef plumpste auf die Küchenbank.

„Jetzt hat es geknallt", sagte er.

„Wo?" fragte die Mama und schnupfte hoch.

„In mir", antwortete der Josef und erzählte von der Anna-Liese, vom Herzklopfen, vom Bauchziehen und der Gänsehaut.

„Soll vorkommen", murmelte die Mama.

„Ich muß sie wiedersehen", rief der Josef.

„Dann hock dich halt auf die Treppe, und warte, bis sie wieder herunterkommt!" Die Mama wischte sich Zwiebeltränen aus den Augen und lachte. Sie meinte es nicht ernst. Aber der Josef nahm es ernst.

Er setzte sich auf die Treppe und wartete.

Allerhand dumme Bemerkungen von Nachbarn mußte er über sich ergehen lassen.

Die Frau Berger sagte: „Dauernd verlierst du deinen Wohnungsschlüssel! Hast denn nur Stroh im Kopf?"

Der Herr Huber fragte: „Warst frech? Hat dich deine Mama rausgeworfen?"

Und die Frau Knitzwackel, die immer keifen mußte, zeterte: „Ihr habt hier eine Wohnung gemietet, aber nicht das Treppenhaus!"

Nach einer Stunde endlich kam die Anna-Liese die Treppe herunter. Der Josef hatte sich beim Warten genau zurechtgelegt, was er der Anna-Liese sagen werde. Er wollte sagen: Ich bin der Josef und wohne hier im Haus und möchte dich gern näher kennenlernen.

Doch bevor er das herausbrachte, mußte er sich erst einmal räuspern. Als er sich geräuspert hatte, war die Anna-Liese an ihm vorbeigeflitzt. Der Josef sprang auf.

„Hallo!" rief er. „He, warte doch!"

Vom Erdgeschoß her rief die Anna-Liese:

„Der Hallo ist längst tot, und der He ist sehr krank!"
Dann knallte die Haustür ins Schloß.

Der Josef ging in die Wohnung zurück und schloß sich in sein Zimmer ein. Das tat er nur, wenn er traurig war.

„Wir müssen ihm helfen", sagte der Franz zur Mama.

„Ich wüßte nicht, wie", sagte die Mama.

Der Franz sagte: „Dir fällt schon was ein, wenn du dir ordentlich Mühe gibst!"

Die Mama gab sich ordentlich Mühe und dachte nach. Dann nahm sie den Korb mit den Kirschen.

„Die bringe ich jetzt der Leidlich rauf", erklärte sie, „und sage, wir hätten viel zu viele."

„Haben wir doch gar nicht!" rief der Franz. Er hätte sich nach dem Abendessen über die Kirschen hermachen wollen.

„Ich brauch doch irgendeinen Grund, um mit ihr ins Gespräch zu kommen", sagte die Mama. „Damit ich sie nach dieser Anna-Liese aushorchen kann."

Der Franz nickte, und die Mama ging mit den Kirschen in den dritten Stock hinauf.

Ziemlich lange blieb die Mama weg. Doch als

sie dann zurückkam, wußte sie auch eine
Menge! Beim Abendessen berichtete sie.
Also: Die Anna-Liese war 13 Jahre alt.
Genauso alt wie der Josef. Sie war eine Nichte
der Leidlich und kam jeden Mittwoch. Heute
war sie viel zu spät dran gewesen. Sonst kam
sie um zwei Uhr. Zum Klavierüben. Die Leidlich
gab ihr Unterricht.

„Na, Josef", sagte der Papa. „Da mußt du ja nicht verzweifeln. Da ergibt sich ja jeden Mittwoch wieder eine Chance."

Der Josef setzte sich nun jeden Mittwoch, fünf Minuten vor zwei Uhr, auf die Treppe. Und die Anna-Liese kam jeden Mittwoch zweimal an ihm vorbei. Aber ganz gleich, wie der Josef ein Gespräch anfing, sie gab bloß schnippische Antworten.
„Wirst dir noch den Po verkühlen", sagte sie.

Oder: „Hast nichts Besseres zu tun, als hier zu hocken?" Und einmal hörte sie der Josef zu ihrer Tante sagten: „Du, der komische Treppentrottel sitzt unten schon wieder Wache!"

Der Franz verstand das nicht. Er dachte: Unser Josef ist doch super-prima! Einen Besseren könnte dieses Mädchen doch gar nicht kriegen!

„Stimmt schon", meinte die Mama. „Aber um das zu merken, müßte sie ihn ja erst einmal kennenlernen."

Einmal, an einem Mittwoch, hatte der Josef Schnupfen. Einen mit roten Augen und dicker Nies-Nase. So wollte er sich der Anna-Liese nicht zeigen. Er ließ das Treppensitzen sein, legte sich aufs Sofa und schaute fern.

Da hielt der Franz den Moment für gekommen, die Sache in die Hand zu nehmen. Er suchte nach einem „Mitbringsel". Die Mama war noch bei der Arbeit und konnte ihm beim Suchen nicht helfen. Und Kirschen waren diesmal

keine da. So nahm der Franz eben den Kartoffelkorb, marschierte in den dritten Stock und klingelte bei der Frau Leidlich. Als sie die Tür öffnete, hielt er ihr den Korb hin und piepste: „Wir haben viel zu viele!"
(Wenn der Franz aufgeregt ist, wird seine Stimme immer piepsig.)
Die Frau Leidlich starrte erstaunt auf die Kartoffeln. „Aber wieso, aber warum?" stammelte sie.
Der Franz drückte ihr den Korb in die Hände. „Na, dann schönen Dank halt", murmelte die Frau Leidlich.
Nun hätte der Franz eigentlich wieder gehen müssen. Tat er aber nicht! Er blieb stehen. Und weil ihm die Leidlich nicht die Tür vor der Nase zuschlagen wollte, fragte sie: „Willst du reinkommen?"
Der Franz wieselte in die Wohnung, zum Zimmer hin, aus dem Klaviergeklimper kam. Die Anna-Liese saß am Klavier und guckte sauer. Die Frau Leidlich seufzte.
„Ich soll ihr das Klavierspielen beibringen",

19

sagte sie. „Aber sie will ja gar nicht!"

„Ich würde gerne", log der Franz.

„So ist es immer!" maulte die Anna-Liese. „Wer will, der darf nicht! Wer nicht will, der muß!"

„Läßt du mich mal probieren?" fragte der Franz.

Die Anna-Liese ließ ihn bereitwillig auf dem Klavierstuhl sitzen. Der Franz schaute das Notenblatt an. Die Noten konnte er nicht lesen. Doch über den Noten stand: HÄNSCHEN KLEIN. Das Lied kannte der Franz natürlich. Mit einem Zeigefinger probierte er Klaviertasten aus. Bald hatte er die passenden Noten für HÄNSCHEN KLEIN gefunden.

„Du bist ja ein Naturtalent!" rief die Leidlich erfreut. Sie fragte den Franz, ob er nicht mit der Anna-Liese gemeinsam Klavier üben wollte. Sie meinte, dann würde es ihrer Nichte eher Spaß machen.

„Aber gern doch!" rief der Franz.

Dann läutete im Vorzimmer das Telefon, und die Leidlich lief hinaus. Während sie

20

telefonierte, erzählte der Franz der Anna-Liese, daß er einen großen, irre tollen Bruder habe. Einen, der im Schwimmen und Schilaufen Preise einheimste und so stark sei, daß er allein gegen vier gleich große Kinder raufen könne.

„Und wenn der etwas nicht will", sagte der
Franz, „dann tut er es auch nicht. Den kann
keiner zwingen!"

Dann kam die Frau Leidlich zurück, und der
Franz ließ sich die Noten erklären. Aber
zwischendurch erzählte er immer wieder etwas
Schönes über den Josef. Eine ganze Stunde
mühte sich der Franz mit den Noten ab. Gern
tat er das nicht. Aber als ihn die Leidlich einlud
nächsten Mittwoch wiederzukommen, nickte er
erfreut.

Daheim erzählte der Franz nicht, daß er nun
Klavierschüler war. Er wollte dem Josef ja
heimlich helfen.

Die ganze Woche zerbrach sich der Franz den
Kopf, wie er es schaffen sollte, am nächsten
Mittwoch unbemerkt zur Leidlich raufzukommen.
Der Josef hatte ja keinen Schnupfen mehr!
Und dann würde er ja am Mittwoch wieder auf
der Treppe hocken!

Die Sorge hätte sich der Franz sparen können.
Am Mittwoch kam der Josef von der Schule gar
nicht heim. Er mußte zu einem Handballspiel.

Der Franz erschien pünktlich bei der Frau
Leidlich. Er übte mit der Anna-Liese die
C-Dur- und die G-Dur-Tonleiter. Die Leidlich
sagte zur Anna-Liese: „Nimm dir ein Beispiel an
dem Kleinen! Der macht das weitaus besser
als du!"
Der Franz flüsterte der Anna-Liese zu: „Mein
großer Bruder würde sich das von seiner Tante
nicht bieten lassen!"
Nach der Klavierstunde begleitete der Franz die

Anna-Liese nach Hause. Zwei Straßen weiter
wohnte sie. Der Franz erzählte ihr den ganzen
Weg über vom Josef. Er übertrieb ziemlich.
So mutig, witzig, stark und klug, wie der
Franz tat, war der Josef nun auch wieder nicht.
Aber es wirkte!
Die Anna-Liese sagte: „Deinen Bruder würde
ich gern kennenlernen."
„Du kennst ihn doch schon", sagte der Franz.
„Er sitzt oft auf der Treppe. Weil er in Ruhe
nachdenken will. Über Erfindungen und so
Sachen, über das Leben, den lieben Gott
und die Gerechtigkeit!"
„Und ich habe ihn Treppentrottel genannt",
sagte die Anna-Liese zerknirscht.
„Macht ja nichts", sagte der Franz. „Ab jetzt
weißt du es eben besser!"

Sehr zufrieden kam der Franz nach Hause.
Der Josef war schon daheim. Er saß in der
Küche auf der Bank und sagte: „Heute
hat's geknallt!"
„Wo?" fragte der Franz.

„In mir!" antwortete der Josef. Und dann
erzählte er dem Franz, daß er beim
Handballspiel ein Mädchen gesehen habe.
Herzklopfen habe er bekommen, Bauchziehen

und Gänsehaut auf dem Rücken. Und gewußt
habe er: Ich liebe dieses Mädchen über alles!
„Und die Anna-Liese?" piepste der Franz.
„Die ist mir doch längst Wurscht", sagte der
Josef. Und dabei blieb er auch.

Seitdem geht der Franz jeden Mittwoch zum Klavierspielen. Die Frau Leidlich wäre ja gekränkt, wenn er nicht mehr käme. Und der Franz hat sie inzwischen richtig gern. Daher will er sie nicht kränken.

Übrigens: Die Anna-Liese kommt nicht mehr am Mittwoch. Sie hat ihre Mama davon überzeugt, daß man niemanden zur Musik zwingen kann. Manchmal trifft der Franz die Anna-Liese auf der Straße. Dann fragt sie jedesmal nach dem Josef. Und der Franz bekommt ein schlechtes Gewissen. Weil in den Augen der Anna-Liese soviel Sehnsucht schimmert. Und dann nimmt er sich fest vor, sich nie mehr in Liebesgeschichten von anderen Leuten zu mischen!

SANDRA

Es war gut, daß der Franz beschlossen hatte, sich nicht mehr um Liebesgeschichten von anderen Leuten zu kümmern. Denn dazu hätte er bald darauf ohnehin keine Zeit mehr gehabt. Der Franz steckte nämlich selber bis über beide Ohren in einem eigenen Liebesproblem. Bei der Geburtstagsfeier von der Gabi fing das Problem an. Eine Menge Kinder waren eingeladen. Der Franz war natürlich auch da. Extra eingeladen war er nicht. Er gehörte ja fast zur Gabi-Familie. Seit ein paar Monaten aß er sogar an den Schultagen bei der Gabi zu Mittag. Weil der Hausdrachen gekündigt hatte. Und die Mama war ja bei der Arbeit. Am Nachmittag und am Sonntag war er auch oft bei der Gabi. Wenn der Franz nicht daheim war und ihn jemand suchte, konnte er ihn meistens bei der Gabi finden. Hin und wieder stritten der Franz und die Gabi auch. Doch lange waren sie aufeinander nie böse. Bei dieser Party nun war auch die Sandra.

Ein paar Tage vor der Party hatte die Gabi mit ihr in der Schule Freundschaft geschlossen. Das hatte den Franz nicht gestört. Die Gabi ging in eine andere Klasse. Und mit wem sie in den Pausen kicherte und ihr Pausenbrot teilte, war dem Franz egal. Doch auf der Party dann störte ihn diese Freundschaft sehr.

Dauernd steckten die Gabi und die Sandra die Köpfe zusammen und kicherten und tuschelten. Und hielten Händchen! Für den Franz hatte die Gabi kein bißchen Zeit. Und beim Abschied sagte die Sandra zur Gabi: „Ab jetzt komme ich oft zu dir, Liebling!" „Bloß nicht", sagte der Franz. Nicht einmal das hörte die Gabi! Sie war damit beschäftigt, der Sandra Abschieds-Bussi zu geben.

Der Franz beschwerte sich bei der Mama, doch die meinte bloß: „Jedes Mädchen braucht eine Freundin. Das ist normal, lieber Franz."

Der Franz beschwerte sich beim Papa, doch der meinte bloß: „Die Gabi ist sowieso eine Beißzange. Bald wird sie sich mit der Sandra zerstreiten."

Der Franz glaubte dem Papa und hoffte auf einen Streit. Der Streit kam aber nicht. Ganz im Gegenteil! Jeden Tag war nun die Sandra bei der Gabi. Und der Franz kam sich zwischen der Gabi und der Sandra recht überflüssig vor.

Die zwei redeten von Kleidern und Jeans
und Frisuren, Filmstars und „süßen"
Plüschtieren, „blöden" Buben und Nagellack.
Sie probierten Tanzschritte und malten
Verslein in Poesie-Alben. Manchmal flüsterten
sie einander auch etwas ins Ohr und sagten
zum Franz: „Das darfst du nicht hören!"
Und die Sandra wollte immer „Prinz und
Prinzessin" spielen. Wobei sie der Prinz war
und die Gabi die Prinzessin.

Als sie dann eines Tages wollte, daß der Franz
den königlichen Hofzwerg spielte, da reichte es
ihm! Und als sie dann noch erklärte, der Franz
solle sich deswegen nicht aufregen, denn für
den Prinzen sei er wohl viel zu klein, da sah
der Franz nur noch rot!
Er warf der Sandra die Zipfelmütze, die er
als Hofzwerg aufsetzen sollte, an den Kopf
und lief nach Hause. Schluchzend warf er
sich auf sein Bett und trommelte mit den
Fäusten in sein Kissen.

So fand ihn der Josef, als er heimkam. Er
fragte den Franz, was los sei, doch der
Franz sagte es ihm nicht. Der Franz wartete

mit dem Kummer-Bericht auf die Mama. Der
Josef war nämlich kein guter Tröster.
Diesmal war auch die Mama keine gute
Trösterin. Sie fand es zwar überhaupt nicht
gut, daß man den Franz zum Hofzwerg
eingeteilt hatte, aber das war auch schon
alles! Und der Papa verstand den Franz
überhaupt nicht. Der sagte: „Ein Bub braucht

auf ein Mädchen nicht eifersüchtig zu sein. Nur auf einen anderen Buben müßte er eifersüchtig sein. Wenn diese Sandra ein Sanderich wäre, könnte ich dich verstehen!"

Der Franz schluchzte: „Ist doch Jacke wie Hose, ob es um die Sandra oder einen Sanderich geht!"

„Nein", rief der Papa. „Bin ich vielleicht auf die Freundinnen der Mama eifersüchtig? Fällt mir doch gar nicht ein! Das wäre ich nur auf einen Mann!"

„Geht mich nichts an, auf wen du eifersüchtig bist", rief der Franz. „Ich jedenfalls, ich liebe die Gabi nicht mehr!"

„Bis morgen früh", murmelte der Josef.

Doch da hatte er sich geirrt. Am nächsten Morgen ging der Franz um halb acht Uhr aus dem Haus. Zehn Minuten später kam die Gabi, so wie jeden Morgen, und klingelte Sturm beim Franz. Hätte ihr die Frau Huber nicht gesagt, daß der Franz schon längst weg sei, hätte sie wahrscheinlich noch um acht Uhr verdutzt geklingelt.

Mittags wartete die Gabi dann vor der Klasse vom Franz. Der Franz kam mit dem Eberhard Most aus dem Klassenzimmer und marschierte an der Gabi vorbei, als wäre sie Luft!
Die Gabi war darüber so verwirrt, daß sie ihm bloß mit offenem Mund nachstarrte.
Zum Mittagessen kam der Franz auch nicht. Hungrig hockte er daheim in der Küche. Die Wand zwischen der Küche und der Gabi-Wohnung war so dünn, daß man es hören konnte, wenn in der Gabi-Wohnung jemand laut redete. Der Franz hörte die Gabi sagen: „So ein Spinner, der Franz! Ich hab keine Ahnung, warum er sich so blöd benimmt."
Dann kam die Gabi-Mama zum Franz herüber und brachte ihm einen Teller voll Reisauflauf und Apfelkompott. Für Notfälle.
„Was ist denn los, Franz?" fragte sie.
Der Franz dachte: Das müßte sie ja selber wissen. Sie war ja oft genug dabei, wenn mich ihre Tochter wie den allerletzten Dreck behandelt hat!
„Ist es wegen Sandra?" fragte die Gabi-Mama.

Der Franz fing an zu weinen. Die Gabi-Mama
gab ihm ihr Taschentuch.
„Franz, ich verstehe dich sehr gut", sagte sie.
Der Franz schneuzte sich und kuschelte sich
an die Gabi-Mama. Er beschloß, sie von nun
an zu den Leuten zu zählen, die er liebte.

Die Gabi-Mama legte einen Arm um den
Franz. „Aber die Gabi hat dich sehr lieb",
sagte sie. „Glaub mir. Sie merkt bloß nicht,
daß sie dir weh tut. Sie hat das noch nie
selbst durchgemacht. Und das versteht nur, wer
es selber erlebt hat."
Der Franz dachte, dann wird sie es eben
selber durchmachen müssen! Ich werde ihr
beibringen, es zu merken!
Der Franz verputzte den Reisauflauf und das

Apfelkompott und ging mit der Gabi-Mama
zur Gabi rüber.

„Na, ausgesponnen, Franz?" empfing ihn die
Gabi.

„Sowieso!" Der Franz nickte.

Die Gabi wollte mit dem Franz Fang-den-Hut
spielen. Der Franz sagte: „Warten wir auf die
Sandra. Ohne die mag ich nicht spielen!"

„Fang-den-Hut geht doch auch zu zweit!" rief
die Gabi.

„Schon", sagte der Franz. „Aber mit der
Sandra ist es viel, viel lustiger!"

Da schaute die Gabi ein bißchen beleidigt drein.

Als die Sandra dann da war, wieselte der Franz um sie herum. Ganz entzückt tat er über ihr Kleid und ihre Frisur. Er erzählte ihr von einem „süßen" Plüschtiger, den er sich zum Geburtstag wünsche. Und er fragte sie, ob sie nicht mit ihm ins Kino gehen wolle.

Oder wenigstens zu ihm in die Wohnung rüber? Seine Mama habe einen neuen Nagellack, „irre schick und pink". Und das Buch mit den „supertollen" Poesie-Album-Sprüchen, das könne er ihr dann auch gleich zeigen.

Die Sandra war hingerissen vom Franz, und die Gabi wurde wütend. „He, Franz, ich bin auch noch da", rief sie.

Der Franz überhörte es. Er setzte sich die Zipfelmütze auf und erklärte die Sandra zur „schönsten Prinzessin aller Welten". Und er machte vor ihr Hofzwerg-Faxen. Purzelbäume schlug er, Gesichter schnitt er, Witze erzählte er. Die Sandra kugelte sich vor Lachen. Jedesmal, wenn sich die Gabi ins Spiel einmischen wollte, rief der Franz: „Du bist heute der Prinz. Und der Prinz ist heute krank! Leg dich ins Bett und röchle!"

Als der Franz dann noch anfing, der Sandra etwas ins Ohr zu tuscheln, wurde es der Gabi zu bunt. Sie warf dem Franz die Prinzenkrone an den Kopf und brüllte:

„Geht heim! Alle beide! Aber sofort!"
Dann lief sie aufs Klo und sperrte sich ein.
„Was hat sie denn auf einmal?" fragte die Sandra.
Der Franz nickte zufrieden: „Sie hat es gemerkt, und jetzt macht sie es selber durch!"
Er ging nach Hause und pfiff dabei vor sich hin und war gespannt, wie es nun weitergehen werde.

Am Abend kam die Gabi zum Franz.
„Ach, Franz", sagte sie. „Es tut mir ja so leid. Ich war in der letzten Zeit wirklich nicht sehr nett zu dir."
Der Franz ließ sich seine Freude nicht anmerken. Ruppig sagte er: „Ist mir doch egal!"
Die Gabi fragte: „Soll ich versuchen, die Sandra nicht mehr zu mögen?"
„Das würdest du wegen mir tun?" fragte der Franz.
„Für dich würde ich alles tun!" rief die Gabi.

41

„Mußt du aber nicht", sagte der Franz
großzügig. „Nur gerechter aufteilen mußt du die
Liebe zwischen der Sandra und mir!"
„Da kämst du aber schlecht weg", sagte die
Gabi. „Weil ich dich doch in Wirklichkeit
zehnmal so lieb habe wie sie!"
Von da an hielt es der Franz gut aus, wenn
die Gabi mit der Sandra ein bißchen zuviel
kicherte und tuschelte und über Sachen
redete, die ihn nicht interessierten. Und wenn
er dann doch fast wieder einmal eifersüchtig
wurde, dann erinnerte er sich schnell an den
Abend, wo ihm die Gabi ihre zehnfache Liebe
gestanden hatte.
Und dem Josef glaubte er nicht, wenn der
grinste und behauptete: „Wetten, daß die Gabi
ganz geheim auch der Sandra ihre zehnfache
Liebe gestanden hat?"
Da antwortete der Franz dann bloß: „Ich
wette nicht! Die Mama hat gesagt, daß es
ein Unfug ist zu wetten!"

ELFE

Die drei Tanten vom Franz heißen Kitti, Kathi und Koko. Echte Tanten sind sie nicht. Sie sind alle drei Jugendfreundinnen der Mama. Sie wohnen in einer kleinen Stadt, in einem Haus mit großem Garten dahinter. Keine von ihnen ist verheiratet, keine hat ein Kind. Aber alle drei mögen Kinder sehr gern. Darum rufen sie die Mama vom Franz oft an und sagen: „Wir hätten gern deinen lieben Franz für ein paar Tage zu Besuch."

Die Tante Kitti ist Friseurin. Die Tante Kathi ist Schneiderin. Die Tante Koko ist Masseurin. Der Frisiersalon der Tante Kitti ist unten im Erdgeschoß des Hauses. Die Schneiderei der Tante Kathi ist oben in der Mansarde des Hauses. Die Tante Koko fährt mit dem Auto zu ihren Kunden. Ihren Klapp-Massiertisch hat sie im Kofferraum.

Der Franz wollte schon längst einmal wieder die Tanten besuchen. Zu Ostern dann klappte es endlich! Am ersten Osterferientag holte ihn die Tante Koko mit dem Auto von daheim ab. Extra Urlaub nehmen konnten sich die Tanten wegen dem Franz nicht. Er schaute der Tante Kathi gern beim Zuschneiden und Nähen zu. Der Tante Kitti konnte er sogar im Frisiersalon helfen. Wenn die Tante Kitti einer Kundin die Haare schnitt, kehrte der Franz die Haare vom Boden auf. Mit der Tante Koko wäre er auch gern zum Massieren gefahren, doch die sagte: „Franz, das geht nicht! Die Leute mögen es nicht, daß jemand zuschaut, wenn sie nackend

daliegen und durchgeknetet werden."
Außerdem konnte der Franz ja auch im
Garten hinter dem Haus spielen. Da gab es
Bäume zum Klettern und Beete zum
Umgraben. Und eine wilde Katze, die
zutraulich wurde, wenn man sie mit Wurst
lockte.

Und im Nachbargarten gab es ein Mädchen.
Elfe hieß es und sah auch genauso aus.
Himmelblaue Sternaugen hatte die Elfe und
goldblonde lange Haare, ein winziges
Näschen und allerliebste Lachgrübchen in den
Wangen. Und dazu war sie ein bißchen
kleiner als der Franz. Obwohl sie genauso alt
war wie er. Das war eine Seltenheit! Sonst

waren gleichaltrige Mädchen mindestens eine Handbreit größer als der Franz.

Dem Franz ging es mit der Elfe fast so wie dem Josef mit der Anna-Liese. Es knallte in ihm, als er sie zum ersten Mal im Nachbargarten sah. Mit Herzklopfen knallte es! Bauchziehen und Gänsehaut auf dem Rücken bekam er allerdings nicht.

Zuerst wagte sich der Franz nicht an die Elfe heran. Er beobachtete sie bloß. Aus der Krone des Kirschbaumes, vom Mansardenfenster der Schneiderei und vom Klofenster des Frisiersalons. Es kam ihm so vor, als langweile sich die Elfe ziemlich. Sie schlenderte immer im Garten herum, rupfte da einen Grashalm aus und dort eine Blume. Sie warf mit Kieselsteinchen und versuchte sich im Weitspucken.

Die Tanten merkten, daß der Franz unentwegt nach der Elfe ausschaute. Sie sagten zu ihm: „Du, Franz, der erste Eindruck täuscht bei diesem Kind. Angeblich ist sie ein kleines Luder. Nimm dich in acht vor ihr!"

„Was könnte sie mir denn tun?" fragte der Franz.

„Dich verführen könnte sie", sagte die Tante Kitti.

„Wozu verführen?" fragte der Franz.

„Zu Untaten!" sagte die Tante Kathi.

„Zu welchen?" fragte der Franz.

„So genau wissen wir das auch nicht", sagte die Tante Koko. „Aber man munkelt allerhand über sie!"

Der Franz fand das aufregend und schaurig-schön, und er bekam die Gänsehaut auf dem Rücken, die beim „Knall" in ihm gefehlt hatte. Jetzt mußte er die Elfe unbedingt richtig kennenlernen! Er steckte ein Pfefferminzbonbon in den Mund. Für den frischen Atem. Er ließ sich von der Tante Kitti die Haare hochtoupieren. Um ein bißchen größer zu wirken. Dann atmete er dreimal tief durch und marschierte in den Garten. Die Elfe stand am Zaun und starrte himmelwärts. So, als schaue sie nach einem Flieger aus. Es war aber kein Flieger am Himmel. Nicht

48

einmal eine Wolke. Der Franz lehnte sich an den Zaun. Reden wollte er nicht. Er hatte Angst, daß seine Stimme wieder piepsig wurde.

„Na endlich", sagte die Elfe und schaute weiter in den Himmel. „Ich hab schon gedacht, du hast was gegen Mädchen."

Aber der Franz hatte ja nichts gegen Mädchen. Also schüttelte er den Kopf.

„Bist stumm?" fragte die Elfe, gab das
Himmelstarren auf und schaute den Franz an.
Und der Franz bekam jetzt auch noch das
Bauchziehen, von dem ihm der Josef erzählt
hatte. Von so wunderschönen, himmelblauen
Sternaugen war er überhaupt noch nie
angeschaut worden!
„Bist stumm?" wiederholte die Elfe.
Der Franz schüttelte wieder den Kopf.

50

„Komm rüber zu mir", sagte die Elfe.
Der Franz kletterte über den Zaun. Sehr
elegant und sportlich schaffte er das.
„Spielen wir was?" fragte die Elfe.
Der Franz nickte.
„Und zwar?" fragte die Elfe.
Die Aufregung im Franz hatte sich etwas
beruhigt. Er piepste fast gar nicht, als er
sagte: „Ist mir gleich, ganz wie du willst!"
„Am liebsten etwas Verbotenes", sagte die
Elfe und bekam zwei allerliebste
Lachgrübchen in den Wangen.
Der Franz dachte nach. Aber es fiel ihm
kein verbotenes Spiel ein.
„Supermarkt, zum Beispiel", sagte die Elfe.
Der Franz war etwas enttäuscht. Er dachte:
Supermarkt-Spielen wird wohl so wie
Kaufmannsladen-Spielen sein. Das ist doch
nur für kleine Kinder und nicht verboten!
Aber schließlich hatte es im Franz „geknallt",
und so sagte er willig: „Gern!"
„Okay, dann gehen wir", rief die Elfe.
„Wohin?" fragte der Franz.

„Na, in den Supermarkt", rief die Elfe.

Da bekam der Franz den Verdacht, daß das Supermarkt-Spiel vielleicht doch etwas anderes war als das Kaufmannsladen-Spiel. Doch aus Angst, die Elfe könnte ihn für dumm halten, fragte er nicht nach. Er sagte bloß: „Ich muß noch schnell den Tanten sagen, daß ich in den Supermarkt gehe." Er wollte über den Zaun zurück.

Die Elfe hielt ihn am Hosenboden fest. „Spinnst?" rief sie. „Willst es vielleicht auch noch der Polizei melden?"

Sie nahm den Franz an der Hand und marschierte mit ihm schnurstracks aus dem Garten, die Straße hinunter, in Richtung Supermarkt.

An der Straßenecke trafen sie einen Buben. Der schaute die Elfe ganz so an, als habe es in ihm „geknallt", und fragte sie: „Elfe, darf ich dich heute nachmittag besuchen?"

„Nein", sagte die Elfe und deutete auf den Franz. „Jetzt ist er mein Freund!"

Dem Franz tat der Bub ein bißchen leid,

trotzdem bekam er vor lauter Stolz rote
Wangen.

An der Straßenecke vor dem Supermarkt
trafen sie wieder einen Buben. Auch der
schaute die Elfe so an, als habe es in ihm
„geknallt". Und er fragte: „Elfe, darf ich mit
euch kommen?"

„Nein", sagte die Elfe und deutete auf den
Franz. „Jetzt ist er mein Freund."

Da bekam der Franz vor lauter Stolz auch
noch Glitzeraugen.

Dann waren sie beim Supermarkt. Die Elfe
lehnte sich an ein geparktes Auto und sagte
zum Franz: „Jetzt geh rein, und hol mir einen
Kaugummi!"
„Tut mir leid, ich hab kein Geld eingesteckt",
sagte der Franz.
„Du sollst keinen kaufen, du sollst einen holen",
sagte die Elfe.
„Holen?" piepste der Franz. Mit einemmal
war ihm das Supermarkt-Spiel klar! Kaugummi
sollte er klauen!
Die Elfe schaute auf ihre Armbanduhr. Die

hatte einen Sekundenzeiger. Sie sagte: „Ich stoppe die Zeit. Der Xandi schafft es in drei Minuten. Mal sehen, ob du besser bist!"
Vor Schreck konnte der Franz nicht einmal mehr piepsen. Er wollte kein Dieb sein!
Aber er wollte der Elfe auch nicht sagen, daß er kein Dieb sein wollte!
Die Elfe gab dem Franz einen Schubser, und der Franz stolperte auf den Supermarkt-Eingang zu. Herr im Himmel, was mache ich jetzt bloß, dachte er. Herr im Himmel, hilf mir aus der Klemme!

Und genau in dem Augenblick, wo der Franz
die Tür aufdrückte, fiel ihm ein, daß er in
der hinteren Hosentasche ein nagelneues
Fünfer-Paket Kaugummi hatte. Da wieselte der
Franz erleichtert los! Rein in den Supermarkt,
um das erste Regal herum, an der Kassenfrau
vorbei, durch die Tür wieder raus und zur Elfe
zurück! Er zog den Kaugummi aus der
Hosentasche und gab ihn der Elfe.

„Toll!" rief die Elfe. „Eine Minute und zehn Sekunden! Du bist der Größte!"
Voll Bewunderung schaute ihn die Elfe an.
Und der Franz kam sich wirklich wie der Größte vor. Und dann kamen die zwei Buben, die an den Straßenecken mit der Elfe geredet hatten. Und die Elfe erzählte ihnen von der „supertollen" Leistung, die der Franz vollbracht hatte.
Der Franz kam sich noch ein bißchen größer als der Größte vor! Darum fiel es ihm auch nicht weiter auf, als der eine Bub von ihnen wegging und in den Supermarkt hineinlief.
Der Franz war vollauf damit beschäftigt, der Elfe und dem anderen Buben zu erklären, daß für so eine „Kleinigkeit" eine Minute und zehn Sekunden gar keine „reife Leistung" seien.
Daheim, schwindelte der Franz, schaffe er das in fünfzig Sekunden!
Und dann kam der Bub wieder aus dem Supermarkt heraus. An seiner Seite war eine große, dicke Verkäuferin. Die beiden stürzten auf den Franz zu.

Die große, dicke Verkäuferin packte den
Franz am Kragen, schüttelte ihn durch und
rief: „Unglaublich! Schaut aus wie ein Engel
und stiehlt wie ein Rabe! Her mit dem
Kaugummi!"

Mit ihren himmelblauen Sternenaugen guckte
die Elfe die Verkäuferin unschuldig an und
säuselte: „Oh, wie schrecklich!" Sie hielt der
Verkäuferin die Fünfer-Packung hin. „Ich habe

wirklich nicht gewußt, daß er ihn gestohlen hat. Ehrenwort! Ich habe gedacht, daß er ihn gekauft hat!"

Die Verkäuferin nahm den Kaugummi, drehte ihn zwischen den Fingern, schüttelte den Kopf und ließ den Kragen vom Franz los.

„Was soll denn der Blödsinn?" fragte sie. „Der Kaugummi ist doch gar nicht aus unserem Laden! Diese Marke führen wir überhaupt nicht." Dann gab sie der Elfe die Fünfer-Packung zurück und lief in den Supermarkt.

„Na, du bist vielleicht ein Angeber", sagte der eine Bub zum Franz.

„Na, du hast dir da ja einen tollen neuen Freund angelacht", sagte der andere Bub zur Elfe.

„Na, du bist vielleicht ein Trottel", sagte die Elfe zum Franz. Und zu den beiden Buben sagte sie: „Ich geh jetzt heim! Ihr dürft mich begleiten."

Sie gab dem einen Buben die rechte Hand und dem anderen die linke Hand und hopste mit ihnen davon.

Der Franz schaute ihnen nach. Herzklopfen
hatte er, Gänsehaut auf dem Rücken und
Bauchziehen. Aber ein ganz anderes
Herzklopfen und Bauchziehen, eine ganz
andere Gänsehaut als beim „Knall" in ihm.
Ihm war so zumute, als ob er gleich
fürchterlich krank werden würde.
Lange stand der Franz so da. Dann ging er

langsam zum Haus der Tanten zurück. Er wollte die Tanten nicht sehen. Er schlich in den Garten und kletterte in den Apfelbaum hinauf. Im Nachbargarten saßen die Elfe und die zwei Buben. Der Franz hörte die Elfe sagen: „Fünf Kaugummis kann man nicht durch drei teilen. Ihr kriegt jeder einen, und ich krieg drei!"

Am Abend schrieb der Franz der Gabi einen Brief. Er schrieb:

Liebe Gabi,
bei den Tanten ist es ganz nett, aber ohne Dich ist es nicht so lustig. Kinder zum Spielen gibt es hier auch keine. Nur eine Elfe im Nachbargarten, aber die ist sehr, sehr gemein.
Dein Franz

Sechs dicke Tränen tropften auf das Briefpapier, während der Franz schrieb. Wo die Tränen hinfielen, wurden die dunkelblauen Tinten-Buchstaben zu himmelblauen Wölkchen.

Als der Briefträger der Gabi den Brief brachte, war der Franz schon wieder zu Hause. Die Gabi lief mit dem Brief zum Franz hinüber. Sie deutete auf die himmelblauen Wölkchen und fragte: „Hast du den Brief im Regen geschrieben?"

Der Franz starrte die himmelblauen Wölkchen an und wurde rot im Gesicht.

„Ach ja", murmelte er. „An dem Tag war ein scheußliches Gewitter." Der Franz lächelte der Gabi zu. „Aber das ist schnell wieder vorübergegangen."

SONNE·MOND·UND·STERNE
Die farbige Oetinger Kinderbuch-Reihe

KIRSTEN BOIE

King-Kong, das Geheimschwein
King-Kong, das Liebesschwein
King-Kong, das Reiseschwein
King-Kong, das Schulschwein
Ein Hund spricht doch nicht
mit jedem
Vielleicht ist Lena in Lennart
verliebt
Lena zeltet Samstag nacht

ERHARD DIETL

Die Olchis sind da
Die Olchis ziehen um

RUDOLF HERFURTNER

Liebe Grüße, Dein Coco

ASTRID LINDGREN

Als der Bäckhultbauer in die
Stadt fuhr

PIRI und KLAUS MEYER

Und nachts rollern die Hunde

PAUL MAAR

Der Buchstaben-Fresser

CHRISTINE NÖSTLINGER

Neues vom Franz
Schulgeschichten vom Franz
Neue Schulgeschichten
vom Franz
Feriengeschichten vom Franz
Liebesgeschichten vom Franz
Fernsehgeschichten vom Franz
Hundegeschichten vom Franz

BETTINA OBRECHT

Hier wohnt Gustav
Jonas läßt sich scheiden

URSEL SCHEFFLER

Der Luftballon aus Avignon

CHRISTA ZEUCH

Die kleine Hexe Xixibix
Lollipopps Geheimversteck